SECRETOS DEL PUNTAJE DE CRÉDITO

La casa de tus sueños está a un paso de ti y en esta guía definitiva encontrarás los secretos que utilizan abogados y agencias para ayudarte a conseguirla en tan solo 30 días.

Andrew Bennet

Tabla de contenido

Introducción 4

Capítulo 1: ¿Qué es el informe de crédito? 9

Capítulo 2: Diferencias entre FICO y otros..17

Capítulo 3: Cómo administrar tus tarjetas de crédito 28

Capítulo 4: Construyendo el perfil crediticio perfecto 39

Capítulo 5: ¿Tarjeta de crédito personal o comercial? 45

Capítulo 6: Arreglar tu puntaje de crédito rápidamente........................51

Capítulo 7: Mentalidad de gestión del dinero.......................................62

Capítulo 8: Todo sobre tu puntaje crediticio.......................................72

Capítulo 9: Hechos poco conocidos sobre el crédito 80

Introducción

Tanto FICO como *Vantage Score* indican que aproximadamente dos tercios de los estadounidenses tienen una calificación de bueno a mejor. Esta estadística es prometedora para las personas que intentan generar crédito. No es tan difícil de hacer si tienes cuidado con cómo usas tu crédito disponible.

Los proveedores de hipotecas (las empresas que otorgan crédito para préstamos hipotecarios) indican que incluso las personas con puntajes crediticios bajos pueden solicitar préstamos hipotecarios. La mayor diferencia es que es posible que no obtenga condiciones favorables y buenas tasas de interés si su puntaje crediticio es bajo. Muchas instituciones crediticias exigen un pago inicial mínimo del 10% y una seguridad adicional si su puntaje crediticio es inferior a 580. Por el contrario, un puntaje crediticio superior a 580 solo requiere un pago inicial del 3,5%. Este ejemplo muestra claramente por qué una buena calificación crediticia es mejor para las personas.

¿Cuántos tipos de puntajes crediticios existen?

Las empresas tienen calificaciones crediticias al igual que las personas, pero las calificaciones funcionan de una manera ligeramente diferente. Es posible que estés operando un negocio y necesites obtener un préstamo o comprar un vehículo con fines financieros para una empresa. La principal diferencia radica en los puntajes crediticios reales: los puntajes crediticios comerciales se encuentran dentro de un rango de 0 a 100. Aún se aplican reglas similares y cuanto más cerca esté tu negocio de un puntaje de 100, mejor será para tus solicitudes de crédito.

La puntuación de *Experian* se divide en más segmentos: empresas de alto riesgo puntúan de 1 a 10; puntuación de riesgo medio a alto de 11 a 25; El riesgo medio lo obtienen las empresas con una puntuación de 26 a 50. Los segmentos se vuelven un poco más grandes. Las empresas que obtienen una puntuación entre 51 y 75 representan un riesgo de bajo a medio para los prestamistas, y el riesgo más bajo es cuando una empresa tiene una puntuación de 76 a 100.

Equifax funciona de manera ligeramente diferente. Tienen un sistema de clasificación para el historial de pagos y otro para la probabilidad de que tu negocio fracase. En lugar de describir los puntajes en términos de riesgo, *Equifax* ofrece una clasificación basada en cómo pagas o qué tan atrasado está el pago a tus acreedores. Pagar a tus acreedores según lo acordado da una puntuación de 90 a 100; si pagas en los 30 días siguientes a la fecha de vencimiento, entonces tu puntaje es 80 - 89. Un puntaje de 60 - 79 se atribuye al pago de 31 a 60 días después de la fecha de vencimiento. Pagar a los acreedores con un retraso de 61 a 90 días resultará en una puntuación de crédito de 40 a 59; mientras que se otorga una puntuación de 20 a 39 para el pago entre los días 91 y 120.

Algunos prestamistas utilizan un puntaje de aplicación entre 100 y 990, y un puntaje de óptica crediticia de *ID Analytics Inc.* entre 1 y 999.

Varios sitios web (*Trans Union, Equifax, Credit Karma, Credit Sesame,* etc.) ofrecen diferentes puntajes crediticios a los consumidores, pero los prestamistas no los utilizan. *Innovis, ChexSystems* y *PRBC* son otras empresas que producen puntajes crediticios utilizados por algunos prestamistas.

Esto es realmente todo lo que necesitas saber si tienes una puntuación de ventaja de cada una de las oficinas. Usan exactamente la misma fórmula porque todos unieron sus fuerzas para crear la fórmula. Tendrías exactamente el mismo puntaje de ventaja de cada oficina si tuvieras la misma información en cada oficina. Aunque es muy poco probable que tengas la misma información en todas las oficinas. El *Vantage Score* es utilizado por solo el 10% de los prestamistas.

También obtienes un puntaje FICO de cada oficina. Utilizado por el 90% de los prestamistas de crédito. Esta puntuación también sería la misma para cada oficina si tuvieras la misma información en cada oficina. De nuevo, esto es muy poco probable.

También tienes puntuaciones FICO específicas de la industria de cada una de las oficinas. Tarjetas de Crédito, Industria Automotriz, Préstamo a Plazos, Finanzas Personales y finalmente Hipoteca.

Tres agencias de crédito principales, tres calificaciones crediticias, dos modelos de agencias de calificación.

Hay 3 agencias de crédito principales que procesan los números y crean un puntaje de crédito que define tu puntaje: *Trans Union, Equifax* y *Experian* (de hecho, hay otras compañías, más pequeñas, pero estas son las 3 en las que nos enfocaremos). Cada agencia de Crédito analiza diferentes aspectos de tu perfil financiero. Lo que esto significa es que, por ejemplo, *Experian* considerará seriamente los pagos atrasados con tarjeta de crédito, pero es posible que *Equifax* no se concentre tanto en eso.

Capítulo 1: Qué es el informe de crédito

Un informe de crédito es una cuenta completa de su historial financiero. Las agencias de crédito comienzan a recopilar información sobre usted en el momento en que solicita una tarjeta de crédito, solicita un préstamo o abre una cuenta de servicios públicos, y utiliza esa información para generar un informe crediticio. Los prestamistas utilizarán este informe, junto con los demás detalles que proporcione, para evaluar su solvencia.

Dónde encontrar tu informe crediticio

La *Fair Credit Reporting Act* o Ley de Informes de Créditos Justos (FCRA, por sus siglas en inglés) exige que las agencias de crédito proporcionen a los clientes una copia gratuita de su informe crediticio una vez al año. Por lo tanto, los consumidores tienen derecho a un informe crediticio gratuito si una corporación toma una acción adversa contra ellos bajo la ley federal. La denegación de trabajos, seguros o crédito, así como las notificaciones de cobros o sentencias, son ejemplos de acciones adversas. Sin embargo, el cliente debe solicitar el informe dentro de los 60 días posteriores a la ocurrencia de la acción adversa. Aún será elegible para obtener una verificación de crédito gratuita si recibe asistencia social o está desempleado, o si ha sido víctima de un fraude de identidad.

¿Cuál es la mejor manera de obtener un informe crediticio gratuito?

Si está leyendo esto desde cualquier otro lugar del país, me temo que tendrá que buscar en otro lado. Podría ser un puesto en el gobierno, un oficial de crédito u otra cosa. Sin embargo, si tiene curiosidad por saber cómo hacerlo en los Estados Unidos, todo está establecido aquí.

Debe tener en cuenta que si visita un sitio similar en lugar de este, puede ser multado o, peor aún, puede estar jugando en la trampa de un estafador. Seleccione el informe de crédito que desee después de completar sus datos personales (ya sea *Equifax*, *Experian* o *Trans Union*). En la siguiente pantalla, debe confirmar su identidad respondiendo algunas preguntas sobre su historial crediticio. Después de eso, el informe de crédito aparece en la computadora. Puede imprimir o volver para mostrar el documento. Si esto no funciona, llame al 1-877-322-8228 y siga los mismos pasos en Internet. Tendrá que esperar un par de semanas, si no más, para obtener su informe crediticio.

El modelo de puntuación FICO

Debido a su larga trayectoria, FICO tiene la distinción de ser el modelo de puntuación más preciso. *"Fair Isaac Company"* (FICO) comenzó a calcular estos puntajes en 1989. Han actualizado los algoritmos muchas veces durante las últimas tres décadas para tener en cuenta los factores cambiantes y garantizar que continúen brindando puntajes crediticios consistentes.

Como se mencionó anteriormente, el modelo de puntaje FICO convencional le dará una puntuación entre 300 y 850. Una puntuación de menos de 600 se considera baja. Se considera sobresaliente si su puntuación es superior a 740.

Entre 600 y 740, la solvencia crediticia varía de promedio a superior al promedio.

FICO lanzó su modelo de puntuación FICO 9 en 2014. El mayor cambio en este modelo fue minimizar la importancia de las facturas médicas impagas. El motivo de esto es que las deudas médicas impagas no son verdaderos indicadores de salud financiera.

Es posible que esté esperando que el seguro cubra una factura médica o que no sepa por completo que se ha enviado una factura médica a una agencia de cobranza. Para ciertas personas, esta mejora significativa resultó en un aumento de 25 puntos en su puntaje crediticio.

Otras enmiendas realizadas en 2017 hicieron que fuera ilegal que los cobradores registraran deudas médicas atrasadas que no tenían ni 180 días de atraso. Las tres agencias de informes crediticios eliminaron todos los detalles sobre las sentencias civiles y los informes de gravámenes fiscales de sus archivos en 2017. Según FICO, esto mejoró las puntuaciones de alrededor del 6% de los clientes.

FICO 8 (que la compañía creó en 2009) fue la versión estándar de puntaje de crédito hasta FICO 9. El puntaje FICO 8 es ahora el más utilizado en la industria de préstamos. Las características distintivas de FICO 8 eran que lo penalizaba por gastar cerca de su límite de crédito total por mes y le otorgaba clemencia si solo tenía un pago atrasado de 30 días.

Vale la pena señalar que cuando FICO actualiza sus modelos de calificación, los prestamistas tienen la opción de mantener su versión actual o actualizarla. Dado que la actualización al nuevo modelo es tan costosa, FICO 8 sigue siendo el gran favorito. Además, algunos prestamistas todavía utilizan los modelos FICO 5.

Durante el proceso de solicitud, puede consultar sobre el modelo que está utilizando su prestamista.

En la mayoría de los casos, los puntajes FICO no cambian sustancialmente a corto plazo. La única excepción es si comienza a perder pagos o tiene cancelaciones o incumplimientos en su cuenta. Los puntajes FICO no están disponibles para todos. Si no tiene crédito, se le clasificará como "crédito invisible", según los expertos.

Para obtener una clasificación FICO, debe tener seis meses de pagos registrados en las agencias de informes crediticios.

Ya lo ha escuchado antes: necesita un puntaje FICO alto para obtener este tipo de crédito, este tipo de tasa de interés y este tipo de privilegio. El aspecto más importante que se interpone entre usted y casi todo lo que desea es su clasificación FICO.

Aunque muchas personas son conscientes del efecto de su puntaje FICO en su crédito, pocos podrían explicar qué es o cómo se calcula si se les pregunta. Dado el poder que ejerce este número sobre tanta gente, es sorprendente que más personas no pregunten qué es o qué pueden hacer al respecto. De hecho, aceptan el hecho de que este número ejerce tanta influencia en sus vidas.

Una persona tiene muchas calificaciones crediticias; sin embargo, el puntaje FICO es el más conocido y es utilizado por la mayoría de los prestamistas. Comprender los factores que influyen en cómo se mide lo ayudará a mantenerse informado sobre los actos que tienen un impacto positivo o negativo en su clasificación. Puede tener un gran impacto en su puntuación si se concentra en los principales factores que se mencionan a continuación y que pueden afectarla positivamente.

Su puntaje de crédito tiene el potencial de alterar drásticamente su situación financiera. Un buen puntaje crediticio lo ayudará a obtener tasas de interés más bajas, mejores tarjetas de crédito e incluso lo ayudará a alquilar un apartamento. Sin embargo, no todo el mundo sabe cómo se mide un puntaje crediticio o muchos de los otros aspectos importantes de un puntaje crediticio. Los puntajes de crédito se crearon para facilitar a los prestamistas la toma de decisiones. Las cooperativas de crédito y los bancos generalmente piden una aclaración sobre el riesgo de incumplimiento que enfrenta en cualquier préstamo que obtenga. Es por eso que buscan señales en su pasado de préstamos. Por ejemplo, les gustaría saber si ha pedido prestado dinero antes y lo ha pagado con éxito. Incluso querrán saber si ha incumplido recientemente con varios préstamos.

Los prestamistas informan sus acciones a las agencias de crédito cuando solicita un préstamo, y las agencias convierten la información en informes de crédito. Cuando se trata de puntajes de crédito, los algoritmos generados por computadora pueden leer todos estos datos y generar un puntaje que los prestamistas pueden usar para determinar la probabilidad de reembolso. En lugar de pasar minutos estudiando detenidamente cada informe crediticio individual necesario para un préstamo, los prestamistas pueden evaluar rápidamente la solvencia crediticia de una persona simplemente mirando sus calificaciones.

Algunas personas desde que son jóvenes no tienen historial de préstamos: nunca han obtenido un préstamo, ni han utilizado una tarjeta de crédito u otra forma de crédito. Los prestamistas deben tener en cuenta varias calificaciones crediticias para este tipo de solicitantes. El arrendamiento, las facturas de energía y otras facturas son ejemplos de fuentes alternativas del historial de pagos.

Debe solicitar esos informes de crédito gratuitos para ver qué información tienen sobre usted. Aún podrá ver si hay errores, que puede corregir para que no afecten su puntaje crediticio.

Capítulo 2: Diferencias entre FICO y otros

¿Cómo se calcula el puntaje FICO?

Si alguna vez ha mirado su puntaje crediticio, es posible que se haya preguntado por qué variaban las cifras de cada una de las principales agencias de crédito. Diferentes prestamistas y prestatarios pueden optar por informar a diferentes agencias de crédito, además de las tres principales agencias de crédito que utilizan diferentes métodos para calcular las calificaciones crediticias.

Una empresa de tarjetas de crédito solo informará a *Equifax*, mientras que un prestamista puede informar tanto a *Trans Union* como a *Experian*. Es posible que otro prestamista no envíe ningún detalle a ninguna de las agencias de crédito. Los acreedores y prestamistas tienen la opción de informarles, pero no se espera que lo hagan. El historial de pagos no se envía automáticamente a las agencias de informes crediticios; en cambio, va a los acreedores y prestamistas, y solo se informa a las agencias si así lo desean. Ciertos artículos pueden ser priorizados por diferentes empresas. Un prestamista de automóviles, por ejemplo, puede poner un mayor énfasis en el historial de pagos de una persona, mientras que una compañía hipotecaria puede poner un mayor énfasis en el historial laboral de la persona. Otros prestamistas pueden adoptar un enfoque más equilibrado, examinando una variedad de factores y priorizándolos por igual.

Los criterios que debe elegir para calcular su puntaje crediticio incluyen:

- Historial de pagos 35%
- Montos adeudados (nivel de endeudamiento) 30%
- Duración del historial crediticio 15%
- Nuevos créditos (deudas) 10%
- Tipos de crédito en uso 10%

1. Historial de pagos: 35%

El factor más importante para determinar su puntaje crediticio es si ha pagado o no sus facturas a tiempo.

El historial de pagos representa el 35% de sus calificaciones FICO, según FICO. El historial de pagos proporciona detalles sobre los gastos de su cuenta, como la cantidad de cuentas que pagó a tiempo y las cuentas vencidas. Esfuércese por realizar pagos puntuales con regularidad para préstamos renovables, como tarjetas de crédito, y préstamos a plazos, como préstamos para estudiantes, para aumentar esta parte de su puntaje crediticio. También es una buena idea diseñar una estrategia para lograr un objetivo libre de deudas.

Estas son señales de advertencia para los posibles prestamistas de que es posible que no pueda reembolsarlas.

2. Montos adeudados: 30%

La cantidad que adeuda es el segundo factor más importante en su puntaje crediticio. Analiza cuánto de su crédito disponible está utilizando, también conocido como su "índice de utilización".

Menos es mejor, pero deber una pequeña suma puede ser preferible a no deber nada en absoluto porque los prestamistas quieren asumir que, si pides dinero prestado, serás responsable y estarás lo suficientemente seguro financieramente para pagarlo. Mantenga los saldos de las tarjetas de crédito bajos en relación con el crédito disponible y pague las facturas a tiempo para aumentar este factor de calificación crediticia. Los prestamistas lo verían como un riesgo alto si regularmente maximiza sus tarjetas de crédito o se acerca a sus límites de crédito. También es una buena idea calcular cuánto tendrá que liquidar una tarjeta de crédito antes de aumentar su deuda.

3. Duración del historial crediticio: 15%

El 15% de su puntaje FICO está determinado por la duración de su historial crediticio. Esto incluye cuánto tiempo han estado abiertas sus cuentas y cuánto tiempo ha pasado desde la última vez que las utilizó. Los prestamistas comprenderán mejor el comportamiento financiero a largo plazo de una persona si tienen un historial crediticio más largo.

Los prestamistas pueden mirar otras variables como cuentas bancarias, registros de trabajo e historial de residencia si no tiene un historial crediticio. Si tiene una cuenta corriente o de ahorros estable, por ejemplo, es más probable que el banco le preste una tarjeta de crédito o un préstamo. Si aún tiene problemas para obtener crédito, considere obtener una tarjeta de crédito asegurada, que usa el dinero que deposita en una cuenta de depósito asegurado como garantía, o un préstamo asegurado, que es un préstamo que le permite poner un activo como garantía.

4. Nuevos créditos: 10%

Su puntaje de crédito toma en consideración cuántas cuentas nuevas ha solicitado últimamente, así como cuánto tiempo ha pasado desde que abrió una nueva cuenta (abrir un montón a la vez afectará su puntaje).

Su puntaje FICO se ve afectado por el nuevo préstamo en un 10%. Esto se refiere a la cantidad de nuevas solicitudes de crédito que ha realizado en los últimos 60 a 90 días, incluidas las grandes solicitudes recientes y las nuevas cuentas que ha abierto.

Obtener una gran cantidad de cuentas de crédito nuevas en un período corto de tiempo dañará su puntaje crediticio. Los prestamistas lo verán como una señal de riesgo. Solicite un crédito nuevo solo cuando tenga sentido financiero para su situación y sus objetivos, en lugar de responder a cualquier oferta de tarjeta con una tasa promocional de bajo interés. Si lo rechazan la primera vez, tómese un tiempo para concentrarse en mejorar su puntaje crediticio antes de volver a solicitarlo.

5. Tipos de crédito en uso: 10%

El factor final para determinar su puntaje de crédito es si tiene una combinación de varias formas de crédito (como un préstamo para automóvil, hipoteca, tarjetas de crédito, cuentas de tiendas y préstamos para estudiantes). Los prestamistas quieren saber que puede manejar de manera responsable una variedad de cuentas.

Tener un conjunto diverso de cuentas, como tarjetas de crédito, préstamos hipotecarios y cuentas minoristas, indicará a los prestamistas que usted es un prestatario de bajo riesgo. Puede aumentar su puntaje crediticio abriendo diferentes tipos de cuentas, pero solo solicite crédito cuando realmente lo necesite. Nunca solicite crédito únicamente para mejorar su puntaje crediticio.

Tabla de puntajes crediticios FICO

Categoría	Puntaje
Excepcional	800 o mas
Excelente	740 - 790
Bueno	670 - 739

Regular	580 - 669
Malo	579 o menos

El modelo de puntuación *Vantage*

El modelo *Vantage Score* es el segundo modelo de puntuación más común en la actualidad. *Experian*, *Equifax* y *Trans Union*, los tres burós de crédito, hicieron una notable muestra de colaboración en 2006 cuando acordaron crear un rival de FICO para estandarizar los puntajes crediticios. Como resultado, ha aumentado el número de calificaciones crediticias disponibles para prestamistas y acreedores.

El modelo *Vantage Score* tiene en cuenta información similar a FICO, pero la pondera de manera diferente. Para calcular su clasificación, consideran pagos únicos de facturas, mantener bajos los saldos de las tarjetas de crédito y asumir demasiadas obligaciones crediticias nuevas. El mayor beneficio de *Vantage* para aquellos que son nuevos en el crédito es que crearán un puntaje para usted en tan solo dos meses después de que realice su primer pago con tarjeta de crédito.

Las calificaciones FICO no son las mismas que las calificaciones crediticias estándar. Utilizando detalles de sus informes crediticios personales, utilizan un sistema patentado de algoritmos para calcular su riesgo crediticio. Otras empresas a veces modelan sus puntajes de crédito para que se asemejen lo más posible a un puntaje de crédito FICO, pero como señala FICO1, esto puede resultar en puntajes que difieren hasta en 100 puntos de la norma de la industria.

Incluso unos pocos puntos influirán en la obtención o no de una buena tasa de interés y condiciones (ahorrándole hasta miles de dólares durante el plazo del préstamo o crédito).

¿Cómo se calcula la puntuación *Vantage*?

Vantage Score y FICO utilizan medidas similares para evaluar la solvencia crediticia. Las principales diferencias son las ponderaciones que asignan a los distintos elementos, así como el hecho de que utilizan datos de las tres agencias de informes crediticios para calcular su clasificación. Echaremos un vistazo a sus seis variables de puntuación.

1. Historial de pagos: Mayor ponderación

Con *Vantage Score*, su historial de pagos es el mejor indicador de riesgo para usted. A esto se le da una ponderación del 40% en su modelo, lo que lo hace dos veces más importante que su categoría más importante, o igual a la segunda y tercera categorías combinadas.

Debe evitarse a toda costa la morosidad. Estos durarán hasta siete años en su informe de crédito.

2. Edad/tipo de crédito: Ponderación extrema

Esta categoría combina la duración de su historial crediticio con los tipos de crédito que tiene. *Vantage Score* lo considera sobresaliente en esta categoría si puede realizar los pagos a tiempo de un préstamo para automóvil a cinco años mientras sigue atendiendo una hipoteca a 30 años y facturas regulares de tarjetas de crédito.

Representa el 21% del algoritmo, lo que lo convierte en el segundo componente más importante.

3. Utilización del crédito: Ponderación extrema

Simplemente divida sus saldos totales por su crédito disponible para llegar a este número. Mantenga un nivel inferior al 30% en todo momento. Es aún mejor si puede obtener un descuento del 10%.

4. Saldos totales: Ponderación media

Su grupo de deuda total recibe una ponderación del 11% por *Vantage Score* (ya sea actual o en mora). Obtendrá una mejor puntuación en esta categoría si reduce su deuda total.

5. Comportamiento reciente: Ponderación baja

Este grupo recibe el 5% de la ponderación. Examina cuántas cuentas tiene abiertas recientemente, así como la cantidad de avisos que ha recibido. Cuando tiene un mayor número de avisos, se considera que tiene un mayor riesgo y es posible que esté asumiendo una deuda significativamente mayor.

6. Crédito disponible: Ponderación muy baja

Este grupo representa el 3% del total. La cantidad de crédito que tiene disponible para usar en un momento dado se denomina crédito disponible. Cuanto más crédito tenga, más puntos obtendrá en este grupo, que es el menos significativo.

Credit Karma es la empresa más conocida que utiliza el modelo de *Vantage Score* en estos días. Proporcionan un servicio totalmente gratuito (que incluye su informe y puntaje crediticio) a más de cien millones de clientes. Incluso pueden ayudarlo con el monitoreo de crédito.

Vantage Score ahora también está disponible en versiones actualizadas. En los resultados de tendencia, cambiaron su modelo en 2017. Hoy, si está pagando su deuda con cuotas más altas, ganará más puntos que alguien que solo paga el pago mínimo mensual y está aumentando constantemente la deuda de la tarjeta de crédito.

Capítulo 3: Cómo administrar tus tarjetas de crédito

¿Cómo encontrar tarjetas de crédito con aprobación garantizada?

¿Qué significa realmente aprobación garantizada? Todas las tarjetas de crédito vienen con algún tipo de requisitos básicos antes de que una empresa las emita. Un factor clave en las llamadas tarjetas de crédito aseguradas es que los requisitos de calificación suelen ser mínimos.

MasterCard Milestone

Se considera un crédito menos que perfecto, *MasterCard Milestone* proporciona un proceso de solicitud rápido y fácil y se recomienda el uso de todo tipo de crédito. La tarjeta *Milestone* se puede usar en cualquier lugar donde se apruebe Visa, de acuerdo con el crédito disponible.

Visa Total

La *Visa Total* es otra tarjeta que no necesita un depósito de seguridad y ofrece todas las ventajas de una tarjeta Visa de servicio completo. La tarjeta permite a los prestatarios tener una cuenta corriente y se cobra una tarifa de servicio única. Las líneas de crédito disponibles se basan en su puntaje crediticio real y su solvencia.

¿Cómo usar una tarjeta de crédito de manera responsable?

- Trate de no utilizar más del 30% del límite de su tarjeta de crédito
- Asegúrese de realizar los pagos siempre a tiempo. ¡Incluso si es el pago mínimo!
- Si tiene los medios, haga todo lo posible para intentar liquidar el saldo total de su tarjeta de crédito en cada estado de cuenta (esto no es tan realista, ciertamente no pude hacer esto en el pasado. Pero si puede, ¡hágalo!)

¿Cómo encontrar la tarjeta de crédito adecuada para ti?

Dependiendo de su edad y profesión, encontrará ciertas tarjetas de crédito más ventajosas para sus necesidades específicas.

Tarjetas de crédito para obtener una transferencia de saldo

Incluso cuando las tarjetas de crédito incluyen las cuentas de capacidad, la estabilidad cambia. La tarjeta de crédito es una que ofrece una tarifa baja. Si se queda con el dinero, hay un cambio de estabilidad que es una excelente manera de hacerlo. La reducción en el costo promocional (y más el lapso promocional) más grande es la tarjeta más atractiva. Es posible que necesite una calificación crediticia que sea genuina para calificar.

Tarjetas de calificación crediticia de alto riesgo

Las tarjetas de calificación crediticia se encuentran entre las soluciones de alto riesgo. Tales tarjetas tienen gastos y precios de pasatiempo. Como la aceptación es corta para las personas que tienen una calificación crediticia terrible, los términos son difíciles.

Tarjetas de crédito para estudiantes

Las tarjetas de crédito para estudiantes son aquellas hechas específicamente para que los adolescentes tengan documentos de calificación crediticia. Las tarjetas de calificación crediticia para estudiantes pueden venir, como un costo o un salario en las transferencias de saldo. Los estudiantes universitarios generalmente deben estar registrados en una universidad con licencia de 4 años para ser aprobados para obtener una tarjeta de puntuación de préstamos estudiantiles

Tarjetas de causa restringida

Utilizar las tarjetas de crédito de causa restringida pueden ser más prácticas en diferentes lugares. Estas tarjetas funcionan utilizando una tarifa y un costo de fondos como tarjetas de calificación crediticia. Las tarjetas de crédito del gas y las de las tiendas son casos de tarjetas de puntuación de crédito por causa restringida.

Tarjetas de calificación crediticia aseguradas

Las tarjetas de crédito aseguradas son una reputación de calificación alternativa. Requieren que se establezca un depósito de protección en la tarjeta. Puede ser adicional en algunos casos, combinado con un incumplimiento, aunque la limitación de calificación crediticia es igual al monto del depósito que queda en la tarjeta. Vale la pena señalar que se pueden crear pagos en el saldo de su tarjeta de crédito.

¿Cómo obtener un préstamo a plazos mientras aún está en bancarrota?

Si acaba de declararse en bancarrota la semana pasada, tendrá dificultades para restablecer rápidamente su crédito. Sin embargo, si ha pasado algún tiempo, tienes una buena oportunidad de empezar. Es posible que deba esperar un poco más antes de que pueda calificar para nuevas líneas de crédito. Incluso un error relativamente pequeño, como agotar una tarjeta de crédito o perder una factura de servicios públicos, puede dañar su puntaje crediticio. Algunos podrían intentar reparar su crédito a partir de transacciones que no creían que dañarían su crédito, como cerrar una cuenta antigua o incluso solicitar un nuevo préstamo.

Entonces podría haber algunos que estén tratando de reparar su crédito después de una transgresión importante como la declaración de bancarrota. Según las razones que hayan perjudicado su puntaje crediticio, el tiempo necesario para la reparación será diferente. Esta no es una estimación precisa y solo se usa como ejemplos para su comprensión.

El período de recuperación dependerá de varios factores, junto con la información existente en su informe crediticio. Si tiene un historial crediticio prolongado de pagos puntuales, es más fácil reparar cualquier daño. Si su historial crediticio está plagado de incumplimientos en los pagos, se necesitará más tiempo para reparar los daños. Aparte de esto, su puntuación actual también es importante. Los solicitantes que no tienen crédito o tienen una mala calificación crediticia se consideran prestatarios de alto riesgo, y eso hace que tengan menos posibilidades de ser aprobados para una tarjeta de crédito o un préstamo.

Por el contrario, se considera que las personas con buenas calificaciones crediticias son prestatarios de bajo riesgo, y esto aumenta la probabilidad de que se aprueben sus solicitudes. Los puntajes de crédito por sí mismos no controlan si su solicitud de préstamo es aprobada o no. Son simplemente números creados a partir de un informe crediticio. Los prestamistas los utilizan como herramienta. Se establecen estándares sobre qué puntajes de crédito son aceptables y se toma la decisión final. Toma un poco de tiempo, pero si desarrolla bien su crédito, eso puede hacer que sus puntajes crediticios mejoren y aumentar sus posibilidades de obtener la aprobación.

¿Cómo conseguir que el prestamista elimine muchos días de retraso?

Si actualmente está atrasado en los pagos, pregúntele al acreedor si puede negociar un monto de liquidación menor, que incluye la eliminación de los pagos atrasados de su registro de crédito después de haber liquidado su deuda. Si aún quieren la cantidad total, es posible que deba ponerse al día antes de poder hacer cualquier otra cosa. Si no puede devolver sus pagos atrasados, pregúntele al acreedor si puede elaborar un nuevo plan de pago que incluya la eliminación de la información de pago atrasado después de que termine de realizar una cantidad determinada de pagos, como los primeros doce pagos mensuales del año siguiente.

Si todavía quieren el monto total primero, entonces tendrá que ponerse al día con el monto adeudado. Una vez que esté al día con sus pagos, puede comunicarse con el acreedor y defender su caso para eliminar la información negativa sobre pagos atrasados. Si tiene una relación a largo plazo con ellos, avíseles.

¿Cómo obtener ofertas de tarjetas de crédito?

La gran mayoría de los prestamistas no tienen ofertas que estén claramente definidas desde el principio, sino que tienen un paquete de préstamos general que se puede modificar en función de la situación en la que se encuentran las personas que acuden a ellos.

Para maximizar esta estrategia, querrá hacer una lista de las características que absolutamente necesitará para estar satisfecho con un préstamo determinado y luego llamar a cada prestamista con el que ya ha hablado y recorrer la lista punto por punto. Si se encuentra con un prestamista que tiene un enfoque que le atrae, infórmeselo a los otros prestamistas y vea qué pueden hacer para igualarlo o superarlo. Saben que están en un negocio competitivo y si estás dispuesto a forzar su mano, te mostrarán cuánto quieren tu negocio.

Ofertas pre-aprobadas: si no se ha excluido del sistema y su crédito no es terrible, es probable que presentar una solicitud con un prestamista desencadene una avalancha de ofertas competitivas de otros prestamistas, ya que los acreedores le proporcionarán su información con mucho gusto a cualquier persona que esté interesada en venderle sus servicios.

Si bien esto puede ser molesto en algunos casos, si está buscando el mejor prestamista posible, entonces podría ser justo lo que necesita para enfrentar a varios prestamistas entre sí. Las ofertas preseleccionadas pueden facilitarle la comparación de costos relativos u ofertas especiales, siempre y cuando haga su debida diligencia con cada una y se asegure de que el humo y los espejos no lo molesten.

Asegúrese de tener un documento de estimación de préstamo: el documento de estimación de préstamo fue creado por la Oficina de Protección Financiera del Consumidor para facilitar a los prestatarios comparar los diversos costos asociados con préstamos individuales y prestamistas. Su trabajo es estandarizar y simplificar la forma en que los prestamistas exponen sus tarifas para que usted no compare manzanas con naranjas. El documento de estimación del préstamo se puede descargar de ConsumerFinance.gov.

¿Cuándo y cómo abrir o cerrar una tarjeta de crédito?

Un factor importante que influye en determinar si la apertura de cuentas de tarjetas de crédito será favorable para usted o no, es el índice de utilización del crédito. Es prudente asegurarse de que su índice de utilización de crédito sea lo más bajo posible. Esencialmente, debe asegurarse de utilizar demasiado crédito. Es posible que tenga la tentación de cerrar ciertas cuentas de tarjetas de crédito, especialmente si ha logrado pagar todas las cuotas de su tarjeta de crédito. Sin embargo, no hagas esto. No permita que la tentación de aumentar sus gastos se apodere de usted. Su índice de utilización de crédito puede aumentar cuando cierra una cuenta. Por lo tanto, si no confía en sí mismo con una tarjeta de crédito, puede guardarla para su custodia o mantenerla fuera de su alcance.

Una técnica para saldar la deuda de tu tarjeta de crédito

Si todas sus cuentas tienen una tasa de interés similar, el método "bola de nieve" podría ser una mejor opción, pero si tiene una o dos tarjetas con una tasa de interés escandalosamente alta, el método "avalancha" podría ser la solución adecuada. Cabe señalar que ambos métodos requieren que tenga suficiente dinero para pagar más del mínimo en sus tarjetas de crédito.

Método avalancha

Con este método, las personas usan el dinero extra que obtienen cada mes para pagar la deuda a la tasa de interés más alta, con todos los pagos mínimos restantes. Al eliminar los pagos de intereses más altos más rápido, pagará menos intereses durante los próximos meses hasta que se pague la deuda total. Una vez que haya pagado su primera deuda con intereses altos, busque la siguiente tasa de interés más alta y repita el proceso. Pague por encima de la cantidad mínima tanto como pueda, para que pueda salir de la deuda más rápido.

Método bola de nieve

Al seguir este método, las personas en lugar de enfocarse en la deuda más alta, primero deben enfocarse en pagar la tarjeta con la deuda más baja hasta que alcancen la más grande, independientemente de la tasa de interés. Luego trabaje a su manera para que pueda pagar lo máximo que debe.

Al pagar primero las deudas con los montos más bajos, cancela esos pagos más pequeños rápidamente y tiene menos facturas de las que preocuparse. Finalmente, debe continuar pagando las facturas con los saldos más bajos hasta que no le quede ninguna deuda.

Capítulo 4: Construyendo el perfil crediticio perfecto

Si bien esto será más fácil decirlo que hacerlo en la mayoría de las situaciones, según *Experian*, la cantidad ideal de utilización de crédito que desea es del 30% o menos. Si bien hay otras formas de aumentar su calificación de utilización de crédito, pagar lo que adeuda a tiempo cada mes también servirá para demostrar que puede pagar sus facturas a tiempo, esencialmente cumpliendo una doble función cuando se trata de mejorar su calificación de crédito. También facilitará el seguimiento de los siguientes consejos.

Si tiene una tarjeta de crédito que usa con regularidad, digamos, por ejemplo, porque le ofrece puntos de recompensa, tanto que la maximiza cada mes, en realidad puede estar dañando su crédito, aunque lo pague en su totalidad al final de cada mes. Este puede ser el caso debido a la forma en que la compañía de la tarjeta de crédito informa al buró de crédito; dependiendo de cuándo informan cada mes, podría mostrar que su tasa de utilización de crédito está cerca del 100%, dependiendo de cuál sea su línea de crédito actualmente, lo que perjudica su puntaje crediticio.

Como tal, pagar su tarjeta de crédito en dos partes más pequeñas a lo largo del mes puede ayudarlo a aumentar su crédito sin que le cueste nada adicional en general.

Aumente su límite de crédito: Si actualmente no está en condiciones de pagar el saldo de su tarjeta de crédito, aún puede mejorar su tasa de utilización de crédito aumentando su límite de crédito actual. Esta es una manera fácil de mejorar su tasa de utilización de crédito sin poner más dinero por adelantado. Sin embargo, si hace esto, es importante que no aproveche el aumento de la línea de crédito, ya que, si se encuentra nuevamente contra el límite, estará peor que cuando comenzó.

Abra una nueva cuenta: Mejorar su tasa de utilización de crédito es una de las mejores formas de comenzar a reconstruir su crédito. Si la compañía de su tarjeta de crédito actual no aumenta su límite de crédito, puede intentar solicitar otra tarjeta de crédito en su lugar. Si su crédito no es tan alto, sus tasas serán más altas, pero esto no importará siempre y cuando no planee usar la tarjeta en primer lugar. Recuerde, la tasa de utilización del crédito es una combinación del total de sus líneas de crédito disponibles, por lo que esta puede ser una buena manera de reducir sustancialmente su tasa de utilización actual, especialmente si no podrá pagar lo que debe actualmente durante un período significativo de hora. Distribuir estas solicitudes le dará tiempo a las consultas para que desaparezcan de forma natural y evitará que usted vea desesperado a los posibles prestamistas, lo que también puede dificultar la obtención de una nueva tarjeta.

Usuarios autorizados: Si no tiene el crédito para obtener una nueva tarjeta de crédito, o incluso para extender su línea de crédito actual, entonces su mejor opción puede ser encontrar a alguien en quien confíe y pedirle que se convierta en un usuario autorizado en su tarjeta. Si bien la mayoría de las personas probablemente se resistirán a la idea, es posible que pueda apaciguarlos explicándoles que no necesita una copia de su tarjeta ni tiene la intención de usarla, simplemente estar en la lista de la tarjeta es suficiente para mejorar su crédito.

Qué hacer si tu puntaje crediticio baja

Dinero plástico: Lo primero que debe hacer para mejorar su puntaje es dejar de usar dinero plástico. Si ya ha creado una factura grande, puede solicitarla, pero ya no debe usar la tarjeta. Reduzca sus compras por un tiempo hasta que vuelva a tener el control de la situación.

Informe: Solicite un informe y califique el área en la que necesita trabajar. También debe revisar cuidadosamente los informes para determinar si hay errores. Compruebe si hay información incorrecta.

Pague sus facturas a tiempo: Use su salario para pagar sus facturas a tiempo. No tardes en pagar. La morosidad no solo implica honorarios y gastos, sino que también se refleja negativamente en la relación.

No sea víctima de una estafa de reparación: Revise la ley federal que rige este sistema. Algunas personas son víctimas de este tipo de agencias de reparación. Es mejor afrontar la situación solo. Si es necesario, comuníquese con la Comisión Estatal para obtener más información sobre el procedimiento. También puede leer libros a crédito. Es importante mantener la situación bajo control antes de que empeore y te haga fallar.

Refinanciar deuda renovable

Cada vez que pague sus tarjetas de crédito, su puntaje aumentará. Refinanciar su deuda renovable con un préstamo a plazos es una forma de hacer que el sistema piense que tiene menos deuda.

FICO no le da tanta importancia a los préstamos a plazos, por lo que agregar la deuda a plazos equivalente mientras paga la deuda renovable tendrá un efecto positivo general en su puntaje. Simplemente no agote sus tarjetas mientras paga su préstamo a plazos o terminará con el doble de deuda.

Refinanciamiento de deuda renovable con un préstamo sobre el valor neto de la vivienda

El uso de un préstamo con garantía hipotecaria (HEL) para pagar sus deudas renovables mejorará su puntaje crediticio por la misma razón que usaría cualquier otro préstamo a plazos para pagar su deuda renovable. FICO da menos importancia a la deuda de préstamos a plazos. Solo necesita asegurarse de utilizar un PRESTAMO con garantía hipotecaria y no una Línea de crédito con garantía hipotecaria (HELOC).

Un HELOC se califica como una tarjeta de crédito por FICO, por lo que su uso no mejoraría sus puntajes. Solo asegúrese de usarlo para pagar su deuda y no como una forma de endeudarse más.

Si no eres lo suficientemente disciplinado como para no volver a subir tus saldos, entonces esta no sería una decisión inteligente para ti. Lo incluyo porque funciona, pero tienes que elegir lo que funciona para ti.

Capítulo 5: ¿Tarjeta de crédito personal o comercial?

Un puntaje de crédito personal estará entre 300 y 850. Un puntaje de más de 700 será un cliente atractivo para las agencias de crédito. Un puntaje de crédito alto puede tener muchos beneficios. Puede negociar mejores ofertas, calificar para crédito adicional más fácilmente y recibir algunas de las mejores condiciones de crédito disponibles. Las tarjetas de crédito comerciales ofrecen recompensas similares a las tarjetas de crédito personales, pero solo las obtendrá si la empresa tiene un buen puntaje crediticio. La mayoría de las recompensas para las empresas estarán en forma de un porcentaje de devolución de efectivo en las compras realizadas con la tarjeta de crédito empresarial. De hecho, está ahorrando dinero con cada compra. La empresa a menudo puede usar el reembolso en efectivo para pagar tarifas de vuelo reducidas, lo cual es muy beneficioso si sus empleados necesitan viajar por motivos de trabajo.

Los saldos de las tarjetas de crédito comerciales no se muestran en su crédito personal a menos que los garantice personalmente o no pague.

Por lo tanto, cualquier compra realizada con una tarjeta de crédito comercial no afectará negativamente sus puntajes. Incluso si maximiza su tarjeta de crédito comercial mes tras mes, no afectará su puntaje crediticio personal. Desafortunadamente, los saldos que lleva con sus tarjetas de crédito PERSONALES afectan sus puntajes más que casi cualquier otra cosa.

Lo que se debe y no se debe hacer al administrar tu crédito

"Dime qué hacer", esa es en realidad una declaración muy poderosa. También significa que la gente confía en mí para ayudarlos.

- Lo que debe hacer: Siempre, siempre pague a tiempo. Teniendo en cuenta que su historial de pagos es el mayor porcentaje cuando se trata de calcular su puntaje crediticio, es crucial que realice todos los pagos puntualmente. Si es posible, realice pagos con tarjeta de crédito antes de la fecha del informe.

- Lo que no debe hacer: Llegar tarde o perder un pago; una vez más, el historial de pagos es uno de los componentes más importantes que se utilizan al calcular su puntaje FICO. La demora en los pagos puede acarrear graves consecuencias.

- Lo que debe hacer: Vigile su uso del crédito disponible. Recuerde que la utilización juega un papel importante en su calificación crediticia.

- Lo que no debe hacer: Maximizar cualquiera de sus tarjetas de crédito. Si tiene algunas tarjetas de crédito, pero una de ellas es su favorita absoluta, intente distribuir el uso. Si una tarjeta de crédito está al máximo, no tema transferir saldos para que pueda alcanzar la marca del 30%. También asegúrese de que la tarjeta de crédito o las tarjetas con los límites más altos se paguen primero.

- Lo que debe hacer: Envejecer sus cuentas. Simplemente, cuanto más antiguas sean sus cuentas, mejor. Recuerde que la duración del historial fue un componente de su calificación crediticia. El envejecimiento de sus cuentas ayudará a mejorar su historial crediticio y su puntaje crediticio.

- Lo que no debe hacer: Cerrar cuentas antiguas. Está lejos de ser una buena idea hacer esto. También trate de evitar abrir demasiadas cuentas nuevas; esto reduce el promedio de antigüedad.

- Lo que debe hacer: Asegúrese de minimizar el crédito nuevo. No desea abrir demasiadas cuentas nuevas demasiado rápido. Hacerlo afectaría la antigüedad de sus cuentas como se mencionó.

- Lo que no debe hacer: Realizar demasiadas consultas. Una consulta es simplemente cada vez que usted u otra persona solicita su archivo de crédito. Una consulta sencilla no tiene el mismo potencial de desastre crediticio que una consulta completa. Una consulta completa ocurre cuando solicita su archivo crediticio para pedir un crédito (tarjetas de crédito, automóvil, casa, etc.). Una consulta sencilla ocurre cuando las empresas solicitan su archivo para hacerle ofertas de tarjetas de crédito y demás.

- Lo que debe hacer: Mezcle sus cuentas y agregue variedad. Si tuviera que enviar un currículum vitae a un empleador, cuanta más experiencia laboral y variedad presentara, más probable es que lo contraten. Al agregar variedad a su archivo, está demostrando que sabe cómo administrar su crédito en más de una forma.

El secreto del éxito

El valor del crédito está muy subestimado y se hace a propósito. Si todos supieran el verdadero valor del crédito y cómo hacer que funcione para ellos, habría un desbordamiento de personas exitosas y quizás incluso más millonarios. El negocio de los préstamos es una de las industrias más grandes del mundo debido a los billones de dólares que se intercambian a tasas de interés variables. Ahorrar un 1% en una tasa de interés puede representar la diferencia en decenas de miles de dólares. Es evidente que el crédito es importante y valioso. Pero analicemos cómo puede hacerlo exitoso.

Hacer inversiones poderosas en la vida, como bienes raíces o abrir un negocio, puede requerir mucho dinero, más dinero del que la mayoría de la gente tiene disponible. Aquí es donde entra en juego el valor del crédito. Con un buen puntaje crediticio, hacer inversiones sin tener el efectivo es extremadamente posible. Cuando crea su archivo de crédito exactamente como se supone que debe ser, a los prestamistas les resulta mucho más fácil decidir prestarle dinero sin importar el tipo de compra o inversión que desee realizar.

Cuando se trata de abrir una empresa, los bancos están dispuestos a otorgar préstamos para la puesta en marcha de pequeñas empresas para que despeguen, pero todo depende de su puntaje crediticio. Quieren a alguien que tenga la garantía de devolver el dinero, un garante personal. Entonces, no importa lo que esté haciendo —realizar una gran compra, iniciar un nuevo negocio o ser un magnate inmobiliario— su crédito siempre será un factor de decisión importante. Esta es la razón por la que el crédito es el secreto del éxito y cuidar su crédito realmente puede conducir al Sueño Americano o al menos a la estabilidad financiera. Muchas de las personas más ricas del mundo no nacieron con dinero, sino que hicieron su fortuna a través del conocimiento y la innovación.

Capítulo 6: Arreglar tu puntaje de crédito rápidamente

Las agencias de crédito tienen 30 días para examinar las quejas y, con frecuencia, ceder a lo que los prestamistas declaran sobre usted, independientemente de si es válido. Independientemente de si todas las partes están de acuerdo en que se ha cometido un error, los errores pueden continuar manifestándose en su archivo debido a la idea automatizada de la mayoría de los informes crediticios. Es posible que deba comunicarse con los acreedores y las oficinas varias veces para que se borren los errores.

El proceso puede tardar semanas; En el mejor de los casos, es posible que se enfrente al conflicto durante bastante tiempo o incluso años. En caso de que esté intentando obtener una hipoteca, estos errores pueden causar problemas importantes. Probablemente no tendrá la oportunidad suficiente de arreglar su informe antes de que la casa salga del depósito en garantía o se atasque con una tasa de interés mucho más alta de lo que tiene derecho a pagar.

Los problemas, por ejemplo, pueden incitarlo a recurrir a una de las numerosas organizaciones que garantizan una "solución de crédito en el momento" o esa seguridad para ayudarlo a mejorar su puntaje crediticio. Sin embargo, ninguna organización auténtica ofrece tales garantías o certificaciones, por lo que cualquier individuo que emplee uno de estos equipos está pidiendo ser engañado. En cualquier caso, existe un número creciente de administraciones certificadas que pueden corregir los errores de su informe de crédito en 72 horas o menos. Siga leyendo para obtener más información.

Arreglar tu crédito en cuestión de horas – Recuperación rápida

Las agencias de recuperación rápida salieron a la luz por el hecho de que un número tan grande de personas estaba perdiendo préstamos o pagando un exceso de intereses debido a errores de las agencias de crédito. Sin embargo, antes de que se energice, debe aprender lo que estas administraciones pueden y no pueden hacer:

- No pueden administrarlo directamente como consumidor. Las pequeñas agencias de informes crediticios suelen ofrecer la recuperación rápida, que actúan como una especie de intermediario entre las agencias y los expertos en préstamos. Sin embargo, estas agencias, que con frecuencia son gratuitas y que pueden ser auxiliares de los burós de crédito, brindan administraciones poco comunes para los funcionarios de préstamos y los representantes de hipotecas, por ejemplo, informes de crédito combinados o "3 en 1". Para beneficiarse de una rápida recuperación, debe trabajar con un funcionario de préstamos o un representante de hipotecas que compre una agencia que ofrezca la administración.

- Pueden ayudarlo en el caso de que tenga pruebas, o si se pueden obtener pruebas. Las agencias de reactivación rápida no están destinadas a ayudar a las personas que actualmente parecen no poder comenzar el proceso de corrección de crédito. Necesita algo por escrito, por ejemplo, una carta del acreedor reconociendo que su cuenta se informó como tardía cuando en realidad se hizo realidad a tiempo. (Esta es una razón por la que es tan necesario tener todo por escrito cuando intenta arreglar su crédito). Sin embargo, si no tiene esa prueba, el acreedor ha reconocido el error, algunos registradores rápidos pueden obtener la prueba para ti. No obstante, eso puede agregar días o semanas al proceso.

- Pueden ayudarlo a corregir errores; sin embargo, no pueden eliminar las cosas negativas genuinas que están en disputa; además, necesita una prueba de que se cometió un error, no simplemente su opinión. Si la agencia de crédito ya está investigando su queja con respecto al error, el elemento normalmente no se puede incluir en un proceso rápido de reactivación.
- No pueden prometer que respaldarán su puntaje. A veces eliminar elementos negativos realmente puede dañar una puntuación, por extraño que parezca.

La fórmula de puntuación intenta contrastarlo con personas que tienen historiales crediticios comparables. En el caso de que haya sido incluido en la reunión con una quiebra u otros puntos oscuros en su informe, es posible que su puntaje disminuya cuando se elimine una parte de esos elementos negativos. En lugar de estar en el punto más alto de la reunión de los quebrados, como tal, ha caído a la base de la siguiente reunión: las personas que tienen mejor crédito. Con mayor frecuencia, eliminar un error probablemente no ayudará a su puntaje tanto como podría haber confiado y probablemente no le permitirá obtener una tasa de interés superior. No hay garantías con una rápida recuperación.

Hace bastante tiempo, los corredores y otros profesionales de préstamos podían ocuparse de estos problemas. En los días previos a la utilización generalizada de un puntaje crediticio, un corredor o un oficial de préstamos podía mediar para persuadir a un prestamista de que ignorara los errores o pequeñas imperfecciones en el archivo crediticio de un cliente. Todos comprendieron que los errores en los informes de crédito eran comunes y que tener una garantía de préstamo completa de su solvencia con frecuencia podía completar un arreglo.

Sin embargo, con la llegada de la calificación crediticia y los procesos de préstamos automatizados, esas oportunidades de defender a los clientes se evaporaron rápidamente. Los profesionales de préstamos compartieron la insatisfacción de los consumidores cuando las agencias continuaron reportando información incorrecta, información que con frecuencia afectaba las calificaciones crediticias y generaba tasas y términos más horribles de los que el prestatario merecía. Los corredores de hipotecas necesitaban un enfoque para atravesar la burocracia y acelerar el proceso. Las agencias de informes crediticios gratuitos, con su personal específico más pequeño, comenzaron a satisfacer la necesidad. Estos son los medios por los que funciona. Su agente de préstamos o agente obtiene pruebas de usted de que se ha cometido un error y envía esa prueba a la agencia de crédito que proporciona el servicio de recuperación rápida.

Los registradores, por lo tanto, tienen asociaciones poco comunes con los burós de crédito que permiten que sus solicitudes se tramiten rápidamente. El servicio de recuperación transfiere pruebas de errores a departamentos únicos en las agencias de informes crediticios, y los departamentos se comunican con los acreedores (por lo general, de manera electrónica). En el caso de que el acreedor esté de acuerdo en que se cometió un error, las oficinas actualizan rápidamente su informe de crédito. Después de que eso ocurra, se puede calcular otra calificación crediticia. El gasto de este servicio suele estar entre $ 50 y $ 100 por cada "línea comercial" o cuenta que se remedia, aunque algunas agencias brindan la recuperación sin cargo adicional, como parte de una parte de los servicios prestados a los profesionales de préstamos.

La presencia de una recuperación rápida no cambia la forma en que debe ser proactivo con respecto a su crédito. Meses antes de solicitar cualquier préstamo, debe solicitar copias de sus informes y comenzar a probar cualquier error. Asimismo, debe mantener su correspondencia sobre estos errores. Todas las cosas consideradas; Los registradores rápidos generalmente requieren algún tipo de seguimiento en papel para demostrarle a la oficina que los errores de hecho existen. En cualquier caso, si termina muy involucrado con la obtención de una hipoteca y se repite un viejo problema, la recuperación rápida puede ayudarlo a deshacerse del problema y evitar el arreglo.

Considerándolo todo, ¿cómo descubrirías uno de estos servicios? En caso de que ya esté administrando un agente de préstamos o un corredor de hipotecas, pregúntele si se acerca a un servicio de recuperación rápida. Si su profesional de préstamos nunca ha sabido acerca de la reactivación rápida, solicite que se comunique con la agencia que le proporciona los informes crediticios a su organización para verificar si es accesible.

Aumenta tu puntaje en 30 a 60 días

Reconstruir su crédito a veces puede ser un proceso terriblemente lento, sin embargo, puede tomar un par de rutas fáciles que pueden aumentar su puntaje en tan solo un mes o dos.

Paga tus líneas de crédito y tarjetas de crédito

Probablemente, el método más rápido para respaldar una puntuación es reducir la proporción de uso de la deuda: la distinción entre las cantidades de crédito renovable que tiene a su disposición y la cantidad que está utilizando. Un enfoque sencillo para mejorar su proporción es redistribuir su deuda. En el caso de que tenga un gran saldo en una tarjeta, por ejemplo, probablemente podría transferir una parte de la deuda a otras tarjetas. Por lo general, es mejor para sus puntajes tener pequeños saldos en varias tarjetas que un gran saldo en una sola tarjeta. También puede explorar la posibilidad de obtener un préstamo a plazos personal con su asociación de crédito o banco cercano, y utilizar el efectivo para pagar sus tarjetas. Solicitar el préstamo puede afectar un poco sus calificaciones; sin embargo, eso probablemente se verá más que compensado por el desarrollo de sus puntajes al disminuir los saldos de sus tarjetas de crédito. (Las fórmulas de calificación crediticia son sustancialmente más delicadas con los saldos de la deuda renovable, por ejemplo, las tarjetas de crédito, que con los saldos de los préstamos a plazos).

Utilizar tus tarjetas de crédito a la ligera

Una gran diferencia entre sus saldos y sus límites es lo que le gusta ver a la fórmula de puntuación, y realmente no le importa si paga sus saldos en su totalidad cada mes o si los acumula de un mes a otro. Lo que marca la diferencia es la cantidad de sus límites de crédito que realmente está utilizando en algún momento aleatorio. Algunas personas exigen que han respaldado sus puntajes pagando sus tarjetas en su totalidad un par de días antes de que se cierre el anuncio. En el caso de que los patrocinadores de sus tarjetas de crédito, como regla, envíen facturas alrededor del día 25, por ejemplo, estas personas verifican sus saldos en línea unos siete días antes y pagan lo que deben, además de un par de dólares para cubrir cualquier cargo que pueda manifestarse antes del 25. Cuando las facturas están realmente impresas, sus saldos están bastante cerca de cero. (En el caso de que utilice este método, simplemente asegúrese de realizar un segundo pago después de que aparezca su anuncio si su saldo aún no es cero. Eso asegurará que no se dañe con cargos atrasados, y realmente, que puede ocurrir, a pesar de que realizó un pago antes en el mes).

Concéntrate en corregir los grandes errores en tus informes crediticios

Si la bancarrota, los cobros o las cancelaciones de esa otra persona aparecen en su informe, probablemente se beneficiará al eliminarlos. Si una cuenta que cerró se informa como abierta, probablemente deba ignorarla. Tener una cuenta como "cerrada" en su archivo no puede respaldar su puntaje y puede dañarlo.

Utiliza el proceso de disputas en línea de las oficinas

Algunos veteranos de corrección de crédito juran que obtienen resultados más rápidos en este sentido, sin embargo, independientemente, tendrá que hacer copias impresas de todo lo que envía a las oficinas y de cada correspondencia que recibe de ellas.

Comprueba si puedes hacer que tus acreedores actualicen las cuentas

No todos los acreedores informan a cada una de las tres agencias y algunos no informan de manera confiable. Si es así, puede conseguir que un acreedor informe una cuenta que está al día; sin embargo, es posible que vea un golpe rápido en su puntuación.

Capítulo 7: Mentalidad de gestión del dinero

La importancia de la administración del dinero

¿Se encuentra con diferentes tarjetas de crédito, una hipoteca y un préstamo para automóvil?

Hay métodos que le ayudarán a hacer esto manejable. Se necesita tiempo para descubrir los pormenores y modificar su presupuesto para que pueda satisfacer sus necesidades:

Sabes adónde va tu dinero

Si manejas bien tu dinero, lograrás realizar pagos anticipados y evitar sobrepasar el límite de la tarjeta de crédito. Cuando se ciñe a su presupuesto, estos métodos le ayudarán a ahorrar dinero. Esto le impide gastar mucho dinero.

Un mejor plan de jubilación

Cuando ahorre y administre su dinero de la manera correcta, lo beneficiará a largo plazo. Primero, lo obligará a mirar hacia el futuro y analizar sus planes de jubilación.

Cuando implemente sus habilidades de administración de dinero, estará construyendo un plan de jubilación sólido.

El dinero que ahorra e invierte crecerá con el paso del tiempo.

Te permite concentrarte en tus metas

Evitará gastos innecesarios que no apoyen el logro de objetivos financieros. Si se trata de recursos limitados, la elaboración de un presupuesto hace que sea complejo cumplir con sus fines.

Organiza tus gastos y ahorros

Cuando divide sus ingresos en diferentes tipos de gastos y ahorros, un presupuesto le permitirá estar al tanto del tipo de gasto que drena la parte de su dinero. De esta manera, le resultará sencillo establecer los ajustes. La buena administración del dinero actúa como referencia para organizar recibos, facturas y estados financieros. Una vez que organice todas sus transacciones financieras, ahorrará tiempo y esfuerzo.

Puedes hablar con tu cónyuge sobre el dinero

Si comparte sus ingresos con su cónyuge, un presupuesto puede ser la mejor herramienta para mostrar cómo se gasta el dinero. Esto aumenta el trabajo en equipo para llegar a un objetivo financiero común y evitar discusiones sobre la forma en que se usa el dinero. La elaboración de un presupuesto junto con su cónyuge le ayudará a evitar conflictos y eliminar conflictos personales sobre la forma en que se gasta el dinero.

Determina si puedes asumir una deuda y cuánto

Asumir deudas no es algo malo, pero es importante, especialmente si no puede pagarlas. Un presupuesto indicará la cantidad de deuda que puede asumir sin estresarse.

Presupuesto

Cuando hace un presupuesto, tiene la oportunidad de seleccionar y eliminar gastos innecesarios, como multas, recargos por mora e intereses. Estos pequeños ahorros pueden aumentar con el tiempo.

Un presupuesto se refiere a un plan que tiene en cuenta su flujo de caja y salida de efectivo mensual. Esta es una instantánea de lo que posee y de lo que espera gastar, y que le permitirá alcanzar sus objetivos financieros al ayudarlo a resaltar que está ahorrando y gastando.

La creación de un presupuesto es el aspecto más crucial de la planificación financiera. La cantidad de dinero que tiene no indica cuánto dinero gana, sino qué tan efectivo es su presupuesto. Si desea cuidar sus finanzas, entonces tendrá que comprender hacia dónde fluye su dinero. Contrariamente a la creencia popular de que hacer un presupuesto es difícil, no lo es y no elimina la diversión de su vida. Un presupuesto lo salvará de una crisis financiera inesperada y de una vida llena de deudas.

Controla tus gastos e ingresos

Lo primero para elaborar un presupuesto es determinar la cantidad de dinero que tiene y en qué lo está gastando. Al monitorear tus gastos, lograrás clasificar cómo gastas tu dinero. Planificar cómo gasta su dinero es fundamental porque puede saber cuánto desea gastar en cada categoría. Puede controlar sus ingresos y gastos creando un diario, una hoja de cálculo o un libro de caja. Cada vez que gana dinero, puede monitorearlo como ingreso y cada vez que gasta dinero, puede rastrearlo como un gasto.

Si usa una tarjeta de débito, intente rastrear tres meses de sus gastos para obtener una imagen completa de sus gastos.

Evalúa tus ingresos

La siguiente etapa es evaluar sus ingresos. Puede hacer esto calculando la cantidad de ingresos que obtiene a través de obsequios, becas, etc.

Determina tus gastos

Una vez que conozca sus ingresos mensuales, lo siguiente es determinar el total de sus gastos. Primero, debe definir cuáles son sus gastos fijos y variables. Los gastos fijos, las ventas y las facturas tienen el mismo precio todos los meses. Los gastos fijos comprenden pagos de automóvil, internet y alquiler. Los gastos variables se refieren a los costos que cambian, como los servicios públicos y los comestibles.

Asegúrese de incluir los pagos de la deuda en su presupuesto. Descubra la cantidad que puede contribuir a sus deudas para asegurarse de que está en el camino correcto hacia la estabilidad financiera. El manejo de las deudas y los ahorros van de la mano.

Construyendo una estrategia de ahorro

Es muy fácil olvidarse de ahorrar dinero. Tenga en cuenta que siempre se paga a sí mismo primero. Pruébelo utilizando el 10-20% de sus ahorros de ingresos. Dado que los ahorros aumentan, puede optar por incluir el dinero que no gastó en el presupuesto para ahorrar.

Muchas personas saben cómo administrar el poco dinero que obtienen cuando termina el mes, pero les resulta difícil ahorrar cuando tienen un presupuesto ajustado. Si consulta artículos sobre finanzas en línea, verá diferentes tipos de métodos de ahorro, desde congelar todos los gastos hasta preparar su propio almuerzo durante un mes. Pero, ¿cómo se puede determinar cuál funciona? En esta parte, aprenderá estrategias sencillas para ahorrar dinero que puede implementar y cómo puede hacer que funcionen para ti:

Manténgase fuera de las deudas

Estar libre de deudas le ayudará a ahorrar dinero en efectivo; si puede pagar todas sus deudas, tendrá la oportunidad de organizarlas.

Las estadísticas sobre la eliminación de la deuda pueden ser impactantes. Por ejemplo, la encuesta de *Claris* mostró que solo el 22% de las personas intentó esta estrategia y el 26% informó que les funcionó. En otras palabras, esta estrategia puede ayudarlo a ahorrar dinero.

Mantenerse libre de deudas puede ahorrarle una buena suma de dinero en efectivo, pero a muchas personas les resulta difícil pagar sus deudas.

Ser minimalista

Adoptar un enfoque minimalista es un tipo de simplicidad voluntaria. Requiere que una persona reduzca los costos para que se concentre en lo que es importante. La vida de un minimalista generalmente significa tener una casa más pequeña, menos "juguetes" y menos ropa. Pero también implica un trabajo mínimo y más tiempo para hacer las cosas que le gustan.

Esta es una gran estrategia de ahorro que funciona incluso para aquellos que no quieren usarla. Un enfoque minimalista puede ser el efecto de otros métodos para ahorrar. En la mayoría de los casos, muchas personas escalaron su vida para ajustarse a su presupuesto. Luego, con el tiempo, descubrieron que su estilo de vida sencillo les ayudaba a ahorrar más.

Existen varios conceptos erróneos sobre el minimalismo. Un blog sobre el minimalismo, bromea que los minimalistas viven en apartamentos pequeños y no tienen trabajo, automóviles, televisores ni más de 100 objetos.

El propósito del minimalismo es liberarse de los problemas de la vida que no son importantes. No se centra en el sacrificio; simplemente implica eliminar las cosas que no quieres tener en la vida o crear espacio para las cosas que te importan. Como resultado, vivir con menos artículos puede hacer que se sienta satisfecho.

Si no está seguro de poder lidiar con este tipo de vida, puede comenzar poco a poco e identificar lentamente algunas cosas en su vida que no desea. Por ejemplo, si su guardarropa está lleno de muchas cosas, tal vez tire o done algo de ropa. Independientemente de lo que decida hacer, asegúrese de no simplificar su vida entregándose a las cosas que valora o atesora; en su lugar, elija las cosas que requieran más trabajo por la menor recompensa.

Dado que estos métodos han funcionado para otras personas, existe una gran posibilidad de que también funcionen para ti. Sin embargo, asegúrese de no lanzarse y probar todos los métodos a la vez, simplemente seleccione las estrategias que crea que pueden funcionar para ti.

Invertir tu dinero

Invertir su dinero le da la oportunidad de hacer crecer su dinero e incluso ganar más de lo que tiene. Sin embargo, no todo el que decide invertir su dinero obtiene beneficios; algunos han perdido toneladas de dinero en el proceso. Existe una forma diferente de invertir su dinero, y esto le presentará una de las estrategias de inversión más comunes:

La inversión en línea puede ser un método rápido y conveniente que es más asequible que otros métodos. Al elegir esta opción, usted tiene la responsabilidad de investigar todas las inversiones y tomar todas las decisiones de inversión con respecto a su cuenta en línea. Si no se siente bien como ese tipo de inversionista, podría sentirse cómodo trabajando con un asesor financiero. Si le gusta administrar su cartera de inversiones y se siente seguro de que tiene suficientes conocimientos, puede optar por la inversión en línea.

Deja de gastar

Si no puede dejar de gastar dinero que no tiene, este libro solo solucionará temporalmente sus problemas, si es que puede hacerlo. Si tiene el hábito de vivir con sus propios medios y comprar cosas que no puede pagar, esta es su oportunidad de solucionarlo. Si desea arreglar su crédito y mejorar su vida financieramente, debe ocuparse de estas cosas. Así que siéntese tranquilo, haga un presupuesto y encuentre algo que funcione, y reduzca las tarjetas de crédito al máximo si es necesario.

Capítulo 8: Todo sobre tu puntaje crediticio

Su informe de crédito es en realidad más complicado de lo que parece a primera vista, simplemente porque en realidad se trata de informes de tres agencias diferentes, *Trans Union*, *Experian* y *Equifax*.

Anatomía de un informe crediticio

Si bien los tres informes crediticios principales van a variar un poco, la información siempre se agrupará en cuatro categorías principales, que son consultas de crédito, información de acreedores, información de registros públicos e información personal.

- **Información personal:** Incluirá cosas como su nombre y cualquier alias que use, su número de seguro social, fecha de nacimiento, información de empleo y su dirección actual y anterior.

- **Información de registro público:** Esto incluirá cualquier asunto legal pendiente actualmente relacionado con su situación financiera actual. Esto puede incluir quiebras, embargos salariales, juicios y embargos. Un informe de *Trans Union* también mostrará la fecha aproximada en la que estos detalles se eliminarán de su informe.

- Información del acreedor: Esto mostrará todas sus deudas que se han entregado a una agencia de cobranza y todas las líneas de crédito que tiene actualmente. Además, encontrará detalles que describen el estado de la cuenta en cuestión, si comparte la responsabilidad de alguna de las cuentas, su saldo actual, historial de pagos, límite de crédito y si la cuenta está atrasada actualmente. Normalmente, las cuentas positivas y negativas se agruparán.

Si tiene cuentas que están afectando negativamente su crédito, es importante tener en cuenta que puede disputar cualquiera de estos problemas con la compañía de informes crediticios. A menos que desaparezcan de su informe después de que el problema se haya resuelto durante siete años.

Cada una de sus cuentas se puede clasificar de las siguientes maneras: si alguna de sus cuentas aparece como cancelada, eso significa que la cuenta ha sido cancelada del acreedor como una pérdida. Si bien esto significa que es posible que no tenga que cancelar la cuenta. Una cuenta renovable es la clasificación que se le da a las tarjetas de crédito, no es necesario que las pague en su totalidad cada mes y, en su lugar, puede renovarlas y pagar los intereses.

Una cuenta a plazos es la clasificación que se da a los préstamos u otras cuentas que implican pagos fijos. Una cuenta abierta es la clasificación que se le da a las cuentas que lo obligan a pagar el saldo total cada mes. Una cuenta de cobranza es la clasificación que se le da a cualquier cuenta que haya sido transferida a una agencia de cobranza de deudas, esto incluso se mostrará en las cuentas por las que ha liquidado la deuda en los últimos siete años.

- Consultas de créditos: Esta parte de su informe crediticio incluye una lista de todas las agencias que han revisado su informe crediticio en los últimos siete años. Hay dos tipos diferentes de consultas, consultas completas y consultas sencillas.

Códigos de un informe crediticio

La siguiente es una lista de códigos que puede ver en su informe de crédito y lo que significan.

- CURR ACCT: Esto significa que la cuenta está al

día.

- CUR WAS 30-2: Esto significa que la cuenta está actualmente al día, pero se ha retrasado 30 días o más al menos dos veces.
- PAID: Esto significa que la cuenta está actualmente inactiva y se ha pagado.
- CHARGOFF: Esto significa que la cuenta se ha cancelado.
- COLLECT: Esto significa que la cuenta se ha enviado a colecciones.
- BKLIQREQ: Esto significa que la deuda ha sido condonada debido a la bancarrota.
- DELINQ 60: Esto significa que la cuenta tiene al menos 60 días de atraso.

Leyes de créditos justos

- FCRA (Ley de Informes de Créditos Justos): hace más que solo proporcionarle un informe crediticio gratuito cada año, también regula las diversas organizaciones de informes crediticios y ayuda a garantizar que la información que recopilan sobre usted sea precisa y justa. Esto significa que si ve información inexacta en su informe de crédito y la informa a la agencia correspondiente, ellos están legalmente obligados a investigar el asunto y resolverlo, generalmente dentro de los 30 días. Lo mismo se aplica a las agencias u organizaciones que generalmente agregan detalles a su informe crediticio.

Si bien esto no lo ayudará con ese prestamista en particular, si la información es inexacta, al menos sabrá a dónde ir para aclarar el problema. Además, si informa una inexactitud y la agencia de informes crediticios ignora su solicitud, puede demandarlos para recuperar los daños o un mínimo de $ 2,500. También puede ganar una cantidad adicional basada en daños punitivos y honorarios legales y cualquier otro costo asociado. Debe presentar procedimientos legales dentro de los 5 años posteriores a la fecha en que esto ocurra.

- Ley de Facturación de Crédito Justa: Esta ley federal es parte de lo que se conoce como la Ley de Veracidad en los Préstamos. Su propósito es brindar protección a los consumidores cuando se trata de facturación injusta y dejar claro cómo se deben corregir los errores. Esta ley es útil si se le cobra por cosas que no compró, se le cobra una cantidad inexacta por productos o servicios, no recibió un artículo por el que pagó, los pagos realizados no se reflejan en las cantidades adeudadas o si sus estados de cuenta se envían a una dirección incorrecta.

Para aprovechar esta ley, lo primero que debe hacer es enviar una carta física a la dirección de consultas de facturación que proporciona el acreedor. Debe asegurarse de que el acreedor reciba su carta dentro de los 60 días a partir de la fecha en que aparece el error en su estado de cuenta. Algunos acreedores permiten que las disputas se manejen en línea, pero el uso de esta opción puede anular sus derechos a través de esta ley, por lo que no se recomienda. El acreedor tendrá 30 días para reconocer que recibió su carta para corregir el error o decirle por qué cree que es válida. Si rechazan su solicitud, se le permite solicitar toda la documentación que indique por qué lo rechazaron.

Un subconjunto de esta ley es lo que se conoce como la Ley de gemas ocultas, esto significa que puede disputar cualquier transacción realizada dentro de las 100 millas de su hogar, o en cualquier lugar de su estado de origen, que exceda los $ 50. Siempre que haga un esfuerzo de buena fe para disputar la transacción y devuelva el artículo o deje de usar el servicio, es probable que la empresa le reembolse la transacción.

- Ley de Prácticas Justas en el Cobro de Deudas: esta es otra ley que beneficia a los consumidores en lo que respecta a las acciones de los cobradores de deudas. Esto incluye no solo a las agencias de cobranza de deudas, sino también a sus abogados. Esta ley impide que las agencias de cobro de deudas se comuniquen con usted si ha solicitado que la deuda sea validada, comunicándose con usted en lugar de su abogado (si corresponde) antes de las 8 am o después de las 9 pm, comunicándose con usted en el trabajo, llamando constantemente, reportando información falsa a agencias de crédito, avergonzarlo en un esfuerzo por cobrar la deuda, agregar su nombre a una lista de deudores, amenazar con acciones legales que realmente no pueden seguir, tergiversación o comunicarse con usted después de haber enviado una carta solicitando que se detengan o diciendo que no pagará la deuda en cuestión.

Si el cobrador de deudas infringe estas reglas o actúa de otras formas que no están permitidas, entonces usted puede presentar una demanda privada y recuperar los costos, honorarios y daños. Es más, ni siquiera necesita probar los daños y es probable que se le otorgue un mínimo de $ 1,000.

Capítulo 9: Hechos poco conocidos sobre el crédito

Secretos de las tarjetas de crédito revelados

El primer paso al solicitar una tarjeta de crédito es conocer el propósito real por el que elige solicitar una tarjeta de crédito en primer lugar. Algunas personas encuentran muy atractivas las tarjetas de crédito con recompensa en efectivo. Mientras que otras personas pueden querer solicitar una tarjeta de crédito que ofrezca una introducción de 12 a 18 meses con una tasa de interés del 0%, para que puedan realizar compras sin pagar intereses durante un tiempo específico y aprovechar las transferencias de saldo. Hay muchas más razones por las que los consumidores solicitan tarjetas de crédito, pero es importante conocer los entresijos de las tarjetas de crédito para que pueda tomar decisiones bien informadas.

Una de las cosas más importantes que un consumidor debe saber antes de solicitar una tarjeta de crédito es su puntaje crediticio. Los consumidores con un crédito excelente generalmente califican para las mejores ofertas, pero tener un crédito promedio o deficiente a menudo significa que el consumidor pagará tasas de interés más altas y posiblemente tarifas anuales elevadas.

Entendiendo las tasas de interés

Entonces, solicitó recientemente una tarjeta de crédito que ofrece 0% por 6 meses, avance rápido dos semanas después, revisó su correo y allí está su nueva tarjeta de crédito con un límite de $ 5000. Está emocionado porque planeaba usar la tarjeta de crédito para reservar un viaje a Cancún y pagar la tarjeta durante los próximos cinco meses. Así que no perdió el tiempo para reservar su boleto y su habitación de hotel; también compró cosas que cree que son necesarias para sus viajes, como ropa y zapatos nuevos. En poco tiempo, el saldo de su tarjeta de crédito subió a $ 4,500, pero no se preocupa ahora porque está planeando pagar su deuda antes de que expire el período de gracia del 0% de introducción de seis meses. Lamentablemente, no pudo cancelar su tarjeta de crédito antes del período de gracia de intereses de seis meses. Para empeorar las cosas, solo estaba haciendo un pago mínimo de aproximadamente $ 105 cada mes. Pero seis meses después, sus pagos mínimos se aplicaban al interés y al capital del saldo de su tarjeta de crédito, en lugar de aplicarse solo al saldo del capital. Por lo tanto, si tuviera que seguir haciendo el pago mínimo de $ 105, le habría llevado 56 meses liquidar la tarjeta de crédito. También habría pagado aproximadamente $ 1,280 en pagos de intereses.

Tasa de porcentaje anual

Cuando solicitó inicialmente una tarjeta de crédito, su tasa de porcentaje anual (TPA) era del 11,24%. Sin embargo, ¿qué significa todo esto para ti? La TPA es el costo anual de pedir dinero prestado de su tarjeta de crédito. La TPA se aplica específicamente a la tasa de interés que se cobrará, si el saldo de su tarjeta de crédito no se paga en su totalidad en la fecha de vencimiento o antes.

Tipos de TPA

Por lo general, existen varios tipos de TPA que se aplican a su cuenta de tarjeta de crédito. Por ejemplo, hay una TPA para compras. Hay una TPA para adelantos en efectivo, transferencias de saldo; Existe una TPA que generalmente entra en vigencia cuando realiza un pago atrasado o si viola cualquier otro término de su contrato de tarjeta de crédito.

¿Puede aumentar la tasa de mi tarjeta de crédito?

La tasa de su tarjeta de crédito puede aumentar si una tasa promocional ha expirado, la tasa de su tarjeta de crédito puede aumentar cuando no sigue los términos de su tarjeta de crédito, cuando se realizan cambios en un plan de administración de deuda y si su tasa variable aumenta. ¿Qué es exactamente un plan de gestión de la deuda?

Un plan de gestión de la deuda es un acuerdo oficial entre un acreedor y un deudor relacionado con una deuda que el deudor tiene con el acreedor. El programa también está diseñado para ayudar al prestatario a pagar más rápidamente su deuda pendiente. Un plan de gestión de la deuda o un plan de alivio de la deuda es a menudo un servicio que ofrece una empresa externa a alguien que no puede pagar sus deudas en cuentas no garantizadas. La empresa de terceros (empresa de alivio de la deuda) cobrará el pago del deudor y luego lo distribuirá al acreedor. Un deudor a menudo utiliza una empresa de alivio de la deuda, porque la empresa puede ayudarlo a evaluar su deuda, ayudar al deudor a elaborar un presupuesto, establecer un marco de tiempo para pagar su deuda y negociar con los acreedores en su nombre.

Un deudor generalmente entra en un plan de gestión de deuda con un acreedor cuando se enfrenta a dificultades financieras que le dificultan hacer incluso los pagos mínimos de su préstamo o tarjeta de crédito. Lo más probable es que el plan de gestión de la deuda incluya un acuerdo que permita al deudor realizar un pago asequible al acreedor. El acreedor probablemente aceptará reducir drásticamente la tasa de interés sobre el saldo del deudor o eliminar por completo los intereses sobre el saldo del deudor.

Agencias de crédito

Las agencias de crédito son organizaciones privadas de miles de millones de dólares cuya razón principal para existir es hacer efectivo; eso es lo que las organizaciones impulsadas por los ingresos hacen. Conservan los datos que los prestamistas les proporcionan, independientemente de si son exactos o inexactos, sobre nuestra asociación crediticia con ellos y los venden. ¡Este sencillo plan de acción genera más de $ 4 mil millones por año!

Una fuente de ingresos para ellos se origina en la venta de la información de nuestros informes crediticios a diferentes prestamistas, gerentes, agencias de seguros, organizaciones de tarjetas de crédito y cualquier otra persona que usted apruebe para ver su información crediticia. Además del hecho de que les proporcionan datos crudos; sin embargo, también les venden varios métodos para examinar los datos y decidir el riesgo de extendernos el crédito. Además de intercambiar nuestra información con los prestamistas, también nos la venden (puntajes de crédito, administraciones de observación de crédito, seguridad de extorsión, prevención de fraudes al por mayor). Curiosamente, esta región ha obtenido rápidamente quizás la mayor fuente de ingresos. Además, esas ofertas pre-aprobadas en nuestra carta caen cada semana; ¿correo basura? Así es; también obtuvieron nuestra información de las agencias de crédito. Las organizaciones aceptan la asistencia proporcionada por las tres agencias de informes crediticios que les venden un resumen de la información crediticia del consumidor que se ajusta a un criterio predeterminado.

En la actualidad, a diferencia del pensamiento predominante, las agencias de informes crediticios no tienen ninguna contribución sobre si debe recibir un respaldo para un préstamo o no; que se basa absolutamente en los criterios crediticios del prestamista con el que está trabajando. Sin embargo, al utilizar la totalidad de la información que se ha establecido en su informe de crédito (información personal, historial de pagos y propensiones crediticias) y la técnica de FICO para calificar esos datos, les dicen qué tan solvente es usted.

Origen e historia de las agencias de crédito

En las últimas décadas, el crédito se ha vuelto cada vez más fácil de obtener. Las tarjetas de crédito, por ejemplo, alguna vez se dieron a las clases más ricas ante el ojo público y se utilizaron solo ocasionalmente. Hacia principios del siglo XXI, prácticamente el 50% de todos los estadounidenses tenían en cualquier caso una tarjeta de crédito ampliamente útil (es decir, una tarjeta Visa, MasterCard, American Express o Discover). El ascenso del crédito como método típico para comprar necesidades, extravagancias y todo lo demás implica que los burós de crédito procesan más información y son una parte más crucial de la economía general que en cualquier otro momento en la memoria reciente. Las agencias de crédito también monitorean e investigan los datos obtenidos de un número creciente de préstamos para viviendas, automóviles y otras cosas de alto costo.

Hoy en día, las agencias de crédito acumulan constantemente información de los acreedores (bancos; garantes de tarjetas de crédito; organizaciones hipotecarias, que tienen experiencia práctica en prestar dinero en efectivo a compradores de viviendas; y diferentes negocios que extienden crédito a personas y empresas) y la acumulan en archivos de consumidores y empresas, mientras actualiza sus archivos actuales. Además de los datos recopilados de los acreedores, los archivos de crédito también pueden contener el historial comercial de una persona, direcciones anteriores, nombres falsos, declaraciones de quiebra y remociones. Por lo general, la información permanece en un informe crediticio durante siete años antes de ser evacuada.

La mayor parte de las agencias de crédito al consumidor cercanas y provinciales en los Estados Unidos son reclamadas por o están bajo acuerdo con una de las tres administraciones esenciales de informes crediticios del consumidor a las que se hizo referencia anteriormente. Cada una de estas tres organizaciones reúne y se apropia de la información por separado, y los puntajes e informes crediticios varían un poco de una oficina a otra. Cada organización mantiene alrededor de 200 millones de archivos singulares de crédito al consumidor. Con frecuencia, un prestamista utilizará un promedio de las evaluaciones crediticias proporcionadas por las tres agencias únicas al elegir si concede un préstamo.

La oficina de crédito empresarial básica en los Estados Unidos es Dun and Bradstreet. D and B tienen archivos de crédito en más de 23 millones de asociaciones en Norteamérica y en más de 100 millones de empresas en todo el mundo. Además de brindar a los acreedores información importante para decidir las capacidades de un solicitante de crédito, las agencias de informes crediticios hacen que sus datos sean accesibles para propósitos cada vez más cuestionables. Por ejemplo, los anunciantes de correo estándar compran regularmente información de las agencias de informes crediticios mientras continúan buscando clientes potenciales. Si alguna vez ha recibido una carta en la que se le revela que ha sido pre-aprobado para una tarjeta de crédito en particular a una tasa de porcentaje anual en particular, es válida; La organización de la tarjeta de crédito definitivamente se da cuenta de su calificación crediticia y debe asegurarse de haberlo confirmado previamente para la tarjeta predefinida. Los futuros gerentes y propietarios a veces también compran historiales crediticios.

¿Qué hacen las agencias de crédito?

Las agencias de crédito recopilan información de diversas fuentes de acuerdo con la información del consumidor. La actividad se realiza por diversos motivos e incluye datos de consumidores singulares. Se incluye la información relativa a los pagos que cobran las personas y su obtención. Utilizada para evaluar la solvencia crediticia, la información proporciona a los prestamistas un resumen de sus cuentas en caso de que se requiera el reembolso del préstamo. Las tasas de interés que se cobran en un préstamo también se calculan en función del tipo de puntaje crediticio que muestra su experiencia. Por lo tanto, no es un procedimiento uniforme y su informe de crédito es el instrumento significativo que afecta los préstamos futuros.

Con base en la valoración basada en el riesgo, fija varios riesgos en los distintos clientes de esta manera, decidiendo el costo que adquirirá como prestatario. Realizado como calificación crediticia, es una asistencia brindada a diversas partes interesadas del público. Los antecedentes crediticios terribles se ven afectados en su mayor parte por compromisos judiciales resueltos que lo marcan con altas tasas de interés todos los años. Los embargos de impuestos y las quiebras, por ejemplo, lo excluyen de las líneas de crédito convencionales y pueden requerir una gran cantidad de arreglos para que el banco ofrezca cualquier préstamo.

Las oficinas recopilan y examinan información crediticia, incluidos datos financieros, información personal y datos electivos. Esto lo dan varias fuentes generalmente marcadas como proveedores de datos. Estos tienen una asociación excepcional con los burós de crédito. Una recopilación promedio de proveedores de datos estaría formada por acreedores, prestamistas, servicios públicos y agencias de cobro de deudas. Cualquier asociación que haya tenido participación en el pago del consumidor está calificada, incluidos los tribunales. Los datos recopilados para esta situación se entregan a los burós de crédito para su agrupación. Cuando se acumula, los datos se colocan en repositorios y archivos específicos reclamados por la oficina. La información se pone a disposición de los clientes que la soliciten. La idea de tal información es importante para los prestamistas y administradores.

La información es de esta manera material en diversas condiciones; la evaluación crediticia y el pensamiento empresarial son simplemente parte de ellos. Asimismo, el consumidor puede requerir la información para verificar su puntaje individual y el propietario de la vivienda puede necesitar verificar el informe de sus habitantes antes de alquilar un apartamento. Dado que los prestatarios saturan el mercado, las puntuaciones serán, en general, robóticas. Un examen sencillo se ocuparía de esto dándole al cliente un cálculo para una evaluación rápida. Verificar su puntaje una vez cada dos años debería tratar los errores en su informe.

Las personas del público están calificadas para un informe crediticio gratuito de cada una de las oficinas importantes. Los informes comerciales, por ejemplo, Paydex, se pueden obtener a pedido y son de pago. Las expresiones legales para los burós de crédito incorporan la agencia de informes crediticios, CRA en los EE.UU. Esto está organizado en la Ley de Informe de Crédito Justo, FCTA. Otras reglas gubernamentales asociadas con la garantía del consumidor incluyen la Ley de Transacciones de Crédito Justas y Precisas, la Ley de Facturación de Crédito Justa y la Regulación B. Además, se han creado órganos estatutarios para la regulación de los burós de crédito. La Comisión de Comercio Justo actúa como controlador para las agencias de informes crediticios del consumidor, mientras que la Oficina del Contralor de Moneda se desempeña como gerente de todos los bancos que actúan como proveedores.

Transunion, Equifax y Experian

Tres agencias de crédito importantes. Las agencias de crédito populares tienen un efecto significativo en todos los consumidores, pero muchas personas no conocen estas empresas ni cómo funcionan.

- Experian
- Equifax
- Trans Unión

El enfoque ideal para administrar su crédito de manera competente y asumir la responsabilidad de sus circunstancias financieras es estar informado. Esto requiere un breve período y esfuerzo de su parte, sin embargo, dado que sus puntajes de crédito son tan importantes para manejar sus cuentas y ahorrar efectivo, es su deber conocer todo lo que pueda sobre las agencias de crédito que formulan evaluaciones de crédito. Para ayudarlo a comenzar a ejecutar esa estrategia, algo de información sobre Transunion, Experian y Equifax, las agencias de crédito principales en los EE.UU.:

Transunion

Transunion tiene lugares de trabajo en todo el país que administran varias partes del crédito: administración de crédito, robo de identidad y otros problemas crediticios; y tipos de clientes de crédito, por ejemplo, consultas personales, comerciales y de prensa. Si descubre errores en su informe crediticio de Transunion, puede llamarlos al 800.916.8800 o visitar su sitio para debatirlos. Si cree que es una víctima del robo de identidad, llámelos al 800.680.7289 lo antes posible.

Experian

Al igual que otras agencias de crédito, Experian ofrece una amplia gama de diversas administraciones para personas, empresas y los medios de comunicación, más bien, alientan a los huéspedes a utilizar formularios en línea para preguntas, informes de robo de identidad y diferentes problemas.

Equifax

Equifax, con sede en Atlanta, GA, también tiene varios departamentos para ayudar a las personas con varios tipos de preguntas e inquietudes. Su sitio web también está configurado para que las personas utilicen formularios en línea para abordar errores, informar el robo de identidad y manejar diferentes inquietudes. En cualquier caso, si alguien cree que su identidad ha sido robada, el individuo en cuestión puede, no obstante, llamar al 888.397.3742 para denunciarlo a Equifax. Si ese alguien detecta un error en su informe de crédito de Equifax, esa persona debe utilizar el número de contacto en el informe para cuestionarlo. No hay un número en el sitio para describir errores.

Estas son las 3 agencias de crédito del país y cada una adopta una estrategia alternativa para permitir que las personas se pongan en contacto con ellos para plantear consultas o abordar cualquier problema que puedan estar encontrando. En lugar de llegar legítimamente a las agencias de informes crediticios, muchas personas prefieren utilizar una administración de verificación de crédito para que les ayude a gestionar su crédito y mantenerse al margen de sus fondos. Todos los burós de crédito tienen proyectos comparativos; sin embargo, la mayoría de la gente prefiere utilizar una organización gratuita para ayudarles con estos problemas. De esa manera, obtienen una perspectiva imparcial de su puntaje crediticio y muchos más dispositivos para administrar y mejorar de manera proactiva sus calificaciones crediticias.

Estas empresas tienen una gran trayectoria en la industria financiera. También conocida como agencia de informes crediticios, recopila información financiera sobre los consumidores y combina esta información en un solo informe. Dado que estas oficinas funcionan de forma independiente, el informe de crédito que genera una sola oficina para un individuo podría ser ligeramente diferente del informe de otra oficina. Aunque hay agencias de informes crediticios más pequeñas, las tres principales sirven a una parte más significativa del mercado.

Las agencias de crédito tienen un modelo de ganancias fascinante. Los prestamistas, los bancos y muchas otras empresas comparten mucha información sobre sus clientes con los burós de crédito de forma gratuita. Las agencias de informes crediticios procesan esta información y la ponen a la venta, en forma de informe crediticio, a diferentes partes que requieren información sobre su historial financiero y más.

Pensar en un solo número para representar su puntaje de crédito es demasiado simple. De hecho, tiene varias puntuaciones de crédito, cada una calculada y mantenida por una empresa diferente. Por lo general, estas puntuaciones están muy próximas entre sí, pero casi siempre varían al menos en algunos puntos.

Entraremos en la razón por la que las puntuaciones son diferentes un poco más adelante, pero tiene que ver con la forma en que recopilan información. Su puntaje de cualquiera de estas tres compañías se llamará su puntaje FICO (también puede ser un puntaje BEACON de Equifax). Si se llama de otra manera, es solo una estimación. Como descubriremos más adelante, eso puede estar bien en algunos casos, pero es algo que debe tener en cuenta.

Además de las tres empresas, cada una mantiene hasta 7 puntuaciones diferentes por persona. Para nuestros propósitos, solo nos centraremos en lo que se llama la partitura clásica o genérica. Entonces, de aquí en adelante, las palabras "puntaje" o "puntaje de crédito" significan el puntaje clásico o genérico. Es el más utilizado para la mayoría de los propósitos (comprar una casa u obtener un préstamo), y los otros puntajes lo seguirán hacia arriba o hacia abajo en su mayor parte. No estamos preocupados por dos o tres puntos aquí, estamos buscando los cambios más grandes que podamos hacer con el menor esfuerzo.

Tratar con agencias de crédito

Hoy, donde la economía está en su punto débil, tener un buen crédito es una herramienta necesaria. Esto se debe a que le permite obtener préstamos para la vivienda, préstamos para automóviles, tarjetas de crédito y otros servicios e instrumentos financieros convenientes. Es posible que pueda vivir sin tener un buen crédito.

Puede discernir la agencia de crédito que tiene su expediente mirando cualquier carta de rechazo que haya recibido de una solicitud de crédito reciente.

Si está tratando con la oficina de crédito que maneja su archivo, tenga en cuenta que pertenece al negocio de recopilar y vender información. Como tal, no debe proporcionarles ningún detalle que no sea necesario legalmente.

Cuando ya tenga su informe de crédito, asegúrese de verificar si hay algún error o discrepancia. Si encuentra algo que sea cuestionable en su informe, puede enviar a la agencia de crédito una solicitud por escrito para que investiguen el error. En general, la oficina de crédito tiene la carga de documentar todo lo que se incluye en su informe de crédito. Si la agencia de crédito no investiga el error o descuida su solicitud de investigación dentro de los 30 días, el error debe eliminarse.

Debe informarse sobre las obligaciones legales de las agencias de crédito para tener un proceso de reparación de crédito exitoso. Antes de tratar con ellos, asegúrese de conocer todos los aspectos legales para no terminar pagando por algo que no debería cobrar una tarifa. Recuerde, las agencias de crédito también son negocios y poseen muchas empresas de reparación de crédito.

Aprovechar al máximo las agencias de crédito

Es un poco molesto saber que las tres agencias de crédito tienen datos financieros confidenciales. Sin embargo, no existe ningún método para evitar que los prestamistas y las entidades de cobranza compartan su información con las empresas mencionadas.

Puede limitar los posibles problemas asociados con las agencias de informes crediticios evaluando sus informes crediticios anualmente y actuando de inmediato en caso de que observe algunos errores. También es bueno controlar sus tarjetas de crédito y otros productos de crédito abiertos para asegurarse de que nadie esté haciendo un mal uso de las cuentas. Si tiene una tarjeta que no usa con frecuencia, regístrese para recibir alertas en esa tarjeta para que le notifiquen si se produce alguna transacción y revise periódicamente los extractos de sus tarjetas activas. A continuación, si nota algún signo de fraude o robo, puede optar por congelar el crédito con las tres agencias de crédito y ser diligente en el seguimiento de la actividad de su tarjeta de crédito en el futuro.

Cómo obtienen tu información las oficinas

Para saber cómo se calcula el puntaje, primero debemos conocer todas las diferentes entradas de su puntaje, es decir, de dónde obtienen la información las oficinas. Puede tener muchos factores que reportan información a las agencias de informes crediticios, o ninguno.

Las tarjetas de crédito se denominan cuentas renovables o deuda renovable por los burós de crédito. Se informa cada pago mensual y saldo, así como cualquier pago atrasado. Esto significa que cualquier tarjeta que tenga su nombre también se reportará a todas las oficinas. Esto incluye tarjetas que pertenecen a un cónyuge o padre. Si eres un usuario autorizado en la cuenta, se informa sobre tu crédito pase lo que pase. Muchas personas tienen su crédito arruinado por un cónyuge o padre que se declara en bancarrota o no paga las facturas de su tarjeta de crédito. Si su nombre está en alguna tarjeta de crédito que pertenece a personas que no pueden pagar sus facturas, ¡pídales que eliminen su nombre de inmediato!

Los préstamos a plazos también reportan información a los burós de crédito. Si fue a su *Sears* local y financió un juego de lavadora/secadora haciendo un pago inicial, eso es un préstamo a plazos. Se informan todos los detalles de estos préstamos; el saldo total, así como la puntualidad y los montos de sus pagos mensuales.

Si tiene hipotecas o préstamos para estudiantes, esa información se informa. Se informan los montos totales adeudados, el total pagado hasta el momento y el estado de los pagos mensuales. Toda esta información se mantiene rastreada y organizada en sus bases de datos.

Lightning Source UK Ltd.
Milton Keynes UK
UKHW021840150721
387247UK00002B/218

9 781914 554179